SNEAKY PRESS

A catalogue record for this work is available from the National Library of Australia.

ISBN 9781923175037

Sneaky Press is the imprint of Sneaky Universe.
www.sneakyuniverse.com
First published in 2023

Sneaky Press
Melbourne, Australia.

O Livro de Fatos Aleatórios sobre o Cérebro

Sneaky Press

Conteúdos

Fatos aleatórios sobre o cérebro humano

O cérebro humano médio tem 167 mm de comprimento, 140 mm de largura e 93 mm de altura.

A maioria das pessoas tem cerca de 70.000 pensamentos por dia!

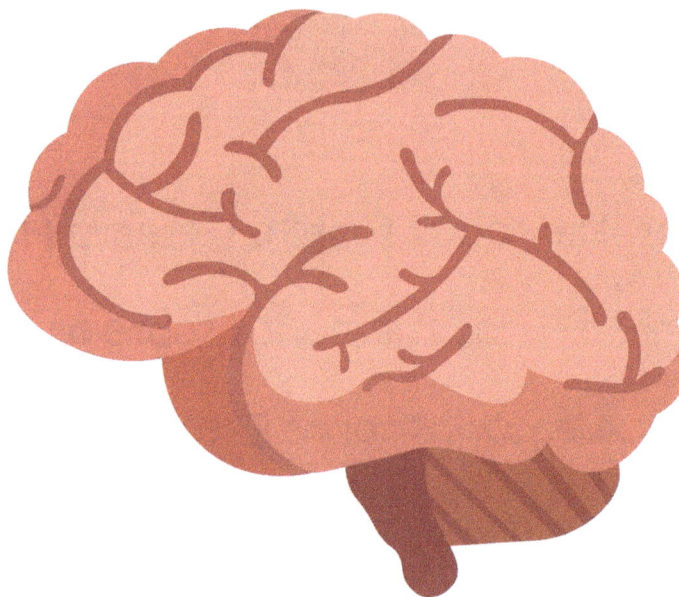

O cérebro humano tem cerca de 100.000.000.000 (100 bilhões) de neurônios - sim, 1 e mais 12 zeros.

O cérebro de uma mosca contém apenas 337.856 neurônios - aproximadamente 0,0003% do número de neurônios em um cérebro humano.

O cérebro humano triplica de tamanho no primeiro ano de vida.

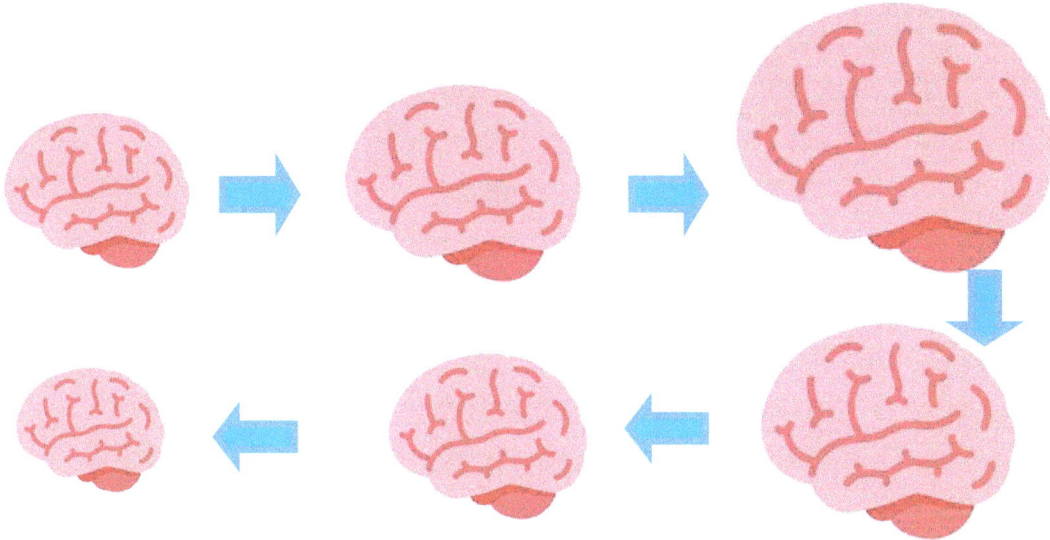

O cérebro encolhe um quarto de por cento
(0,25%) em massa a cada ano após os 30 anos.

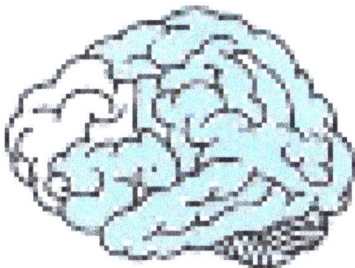

Cerca de 75% do
cérebro humano é
composto por água.

Média

Menor
que a
média

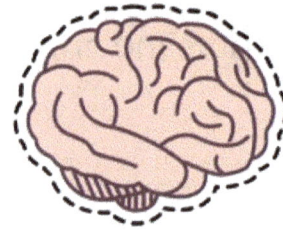

O cérebro humano mais pesado já registrado pesava cerca de 2300 gramas. O cérebro médio pesa cerca de 1400 gramas. O cérebro do grande físico Albert Einstein pesava 1.230 gramas.

O paradeiro do cérebro de Albert Einstein permaneceu desconhecido por mais de 20 anos.

O patologista que fez a autópsia roubou-o e o guardou em um frasco.

Um cérebro humano usa menos energia do que uma luz de geladeira diariamente - 12 watts.

Isso é a mesma quantidade de energia contida em duas bananas grandes. Embora isso possa parecer muito eficiente em termos energéticos, é um devorador de energia.

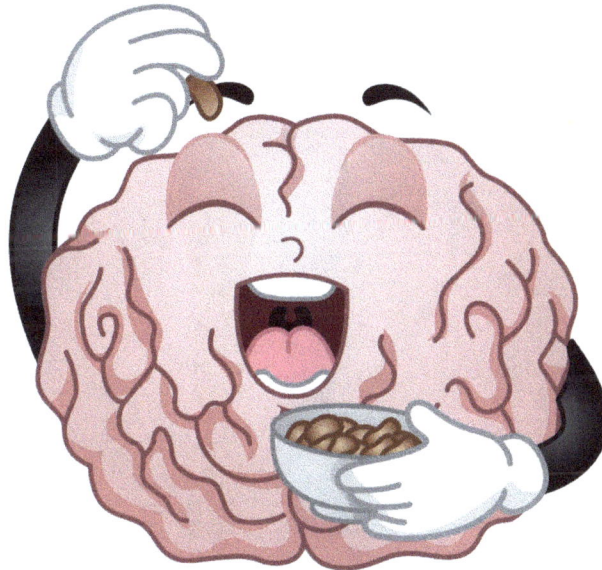

Ele representa apenas 3% do peso corporal, mas consome 17% da energia total. Também usa entre 15 e 20% do suprimento de oxigênio do corpo.

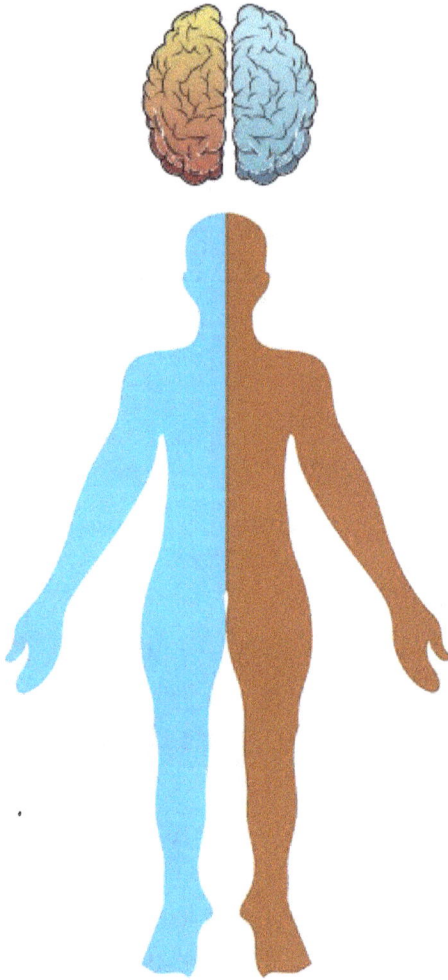

O lado direito do seu cérebro controla o lado esquerdo do seu corpo e o lado esquerdo do cérebro controla o lado direito do corpo.

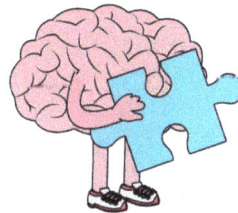

Fatos aleatórios sobre o cérebro dos animais

O cérebro de uma abelha operária pesa apenas cerca de 1 miligrama.

O cérebro de um coala adulto pesa aproximadamente 19 gramas.

Um cérebro de gato doméstico médio pesa aproximadamente 30 gramas.

O cérebro de um tubarão branco pesa menos de 45 gramas. Quase 20% desse pequeno cérebro de uma criatura tão grande é dedicado ao sentido do olfato.

O cérebro médio de uma orca pesa aproximadamente 5.000 gramas.

Um cérebro de elefante médio pesa aproximadamente 6.000 gramas.

O animal com o maior cérebro é a baleia cachalote. Ele pesa aproximadamente 9.000 gramas.

O esôfago (a parte do corpo que conecta a boca ao estômago) passa pelo cérebro de um polvo.

Fatos aleatórios sobre o estudo do cérebro

O estudo da estrutura do cérebro (e do sistema nervoso) é chamado de neurociência.

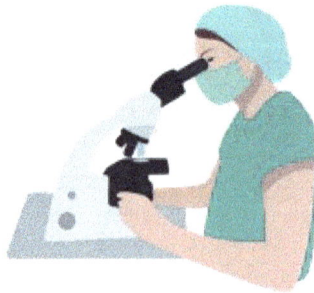

A psicologia é o estudo de como o cérebro afeta o comportamento.

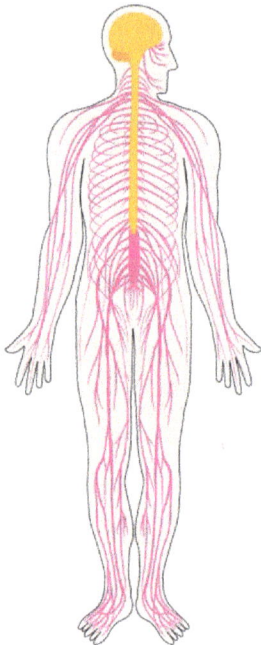

O cérebro faz parte do sistema nervoso central, que também inclui a medula espinhal.

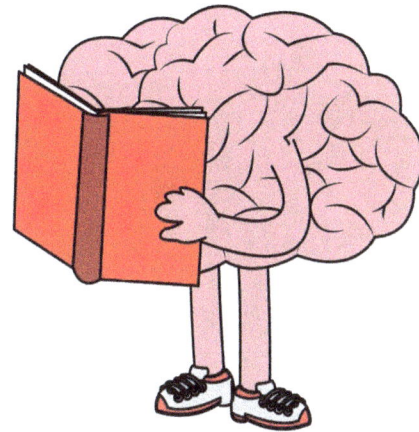

Existem mais de 7.000 cérebros em um Banco de
Cérebros em Harvard usados para pesquisa.

Houve cirurgias cerebrais bem-sucedidas desde a Idade da Pedra.

O "congelamento cerebral", a dor de cabeça que você às vezes tem quando come algo frio, tem o nome científico de "Sphenopalatine ganglioneuralgia".

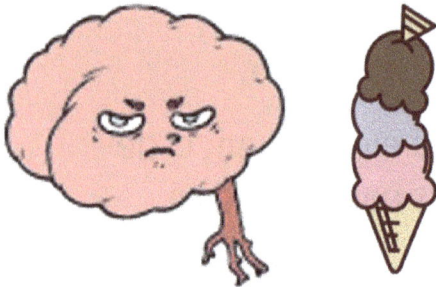

A atividade elétrica no cérebro foi registrada pela primeira vez em 1875.

O cérebro produz uma série de onda dependendo do quão alerta uma pessoa está.

Quando você está acordado e alerta, suas ondas cerebrais são pequenas e frequentes - essas chamadas de ondas Alfa.

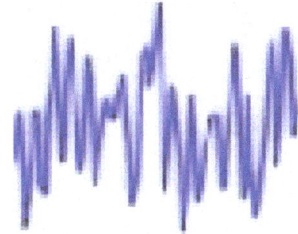

Quando você está quase dormindo, suas ondas cerebrais são mais altas e um pouco mais lentas - essas chamadas de ondas Teta.

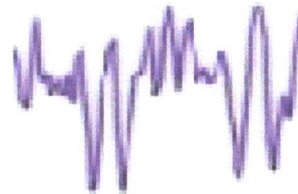

Quando você está em sono profundo, suas ondas cerebrais estão no pico daaltura e lentidão - essas são chamadas de ondas Delta.

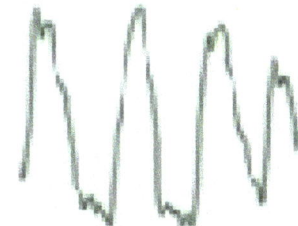

Crenças antigas sobre o cérebro

A insônia poderia ser curada colocando um chifre de cabra sob a cabeça de uma pessoa enquanto ela dormia.

A ansiedade causada por sonhos ruins desaparecer ia se uma pessoa contasse ao sol sobre seus sonhos.

Esfregar dentes de leite com o cérebro de um coelho era umantigo remédio popular para prevenir cáries.

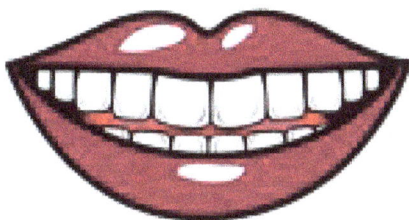

O filósofo grego antigo Aristóteles acreditava que o cérebro era um dispositivo de resfriamento para o corpo humano.

Mais fatos aleatórios sobre o cérebro

Em 4 de março de 2001, o neurocirurgião Dr. Scott R. Gibbs inflou um balão de ar quente em forma de cérebro com 9 andares pela primeira vez.

O Dalai Lama mantém um modelo plástico do cérebro na sua mesa em casa.

Existem mais de 100 filmes com a palavra cérebro no título.

No século III, o imperador romano Heliogábalo terá servido 600 cérebros de avestruz em uma única refeição.

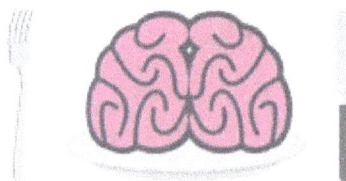

Minerva era a antiga deusa romana da sabedoria e da guerra. Ela era filha de Júpiter e nasceu quando saltou do cérebro do pai, já adulta e vestida com armadura.

Os egípcios geralmente removiam os cérebros pelo nariz durante o processo de mumificação.

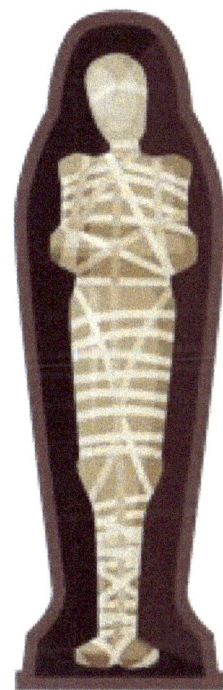

O primeiro registro do uso da palavra cérebro foi escrito perto de 1.700 a.C.

William Shakespeare usou a palavra cérebro 66 vezes em suas peças.

Quebra-cabeças cerebrais

1.Eu fico mais molhado quanto mais seco estou.

O que eu sou?

2. Eu tenho um rosto e duas mãos, mas não tenho braços?

O que eu sou?

3. Eu subo todos os dias. Eu nunca desço.

O que eu sou?

4. Eu tenho muitas chaves, mas não posso abrir nenhuma fechadura.

O que eu sou?

5. Eu tenho um polegar e quatro dedos, mas não estou vivo.
O que eu sou?

6. Estou cheio de buracos, mas consigo suster água.

O que eu sou?

7. Eu sigo e copio cada movimento seu, mas você nunca pode me tocar ou me pegar.

O que eu sou?

8. Eu sou um prédio com milhares de histórias.

O que eu sou?

9. Quanto mais você tira de mim, maior eu me torno.

O que eu sou?

10. Quanto mais você nos retira, mais você deixa para trás.

O que somos nós?

Respostas aos quebra-cabeças cerebrais

1. Uma toalha

2. Um relógio

3. Sua idade

4. Um piano

5. Uma luva

6. Uma esponja

7. Sua sombra

8. Uma biblioteca

9. Um buraco

10. Pegadas

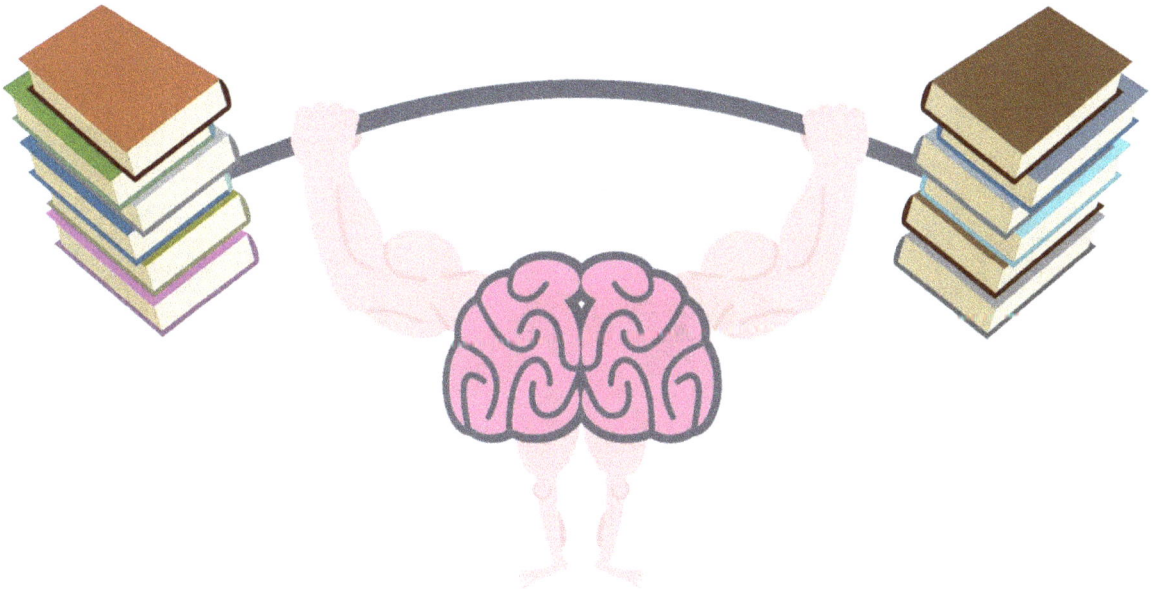

Outros Títulos na Série
Factos Aleatórios

O Livro de Fatos Aleatórios sobre Aviões

Pauline Malkoun

O Livro de Fatos Aleatórios sobre Carros

Mark Malkoun

Pauline Malkoun

O Livro de Fatos Aleatórios sobre o Espaço

Pauline Malkoun

O Livro de Fatos Aleatórios sobre Linguagem

Pauline Malkoun

O Livro de Fatos Aleatórios sobre o Sono

Pauline Malkoun

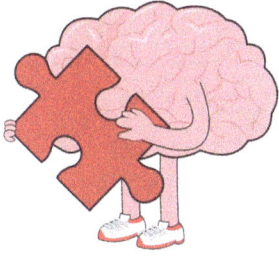

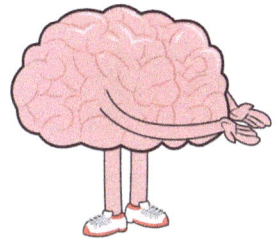

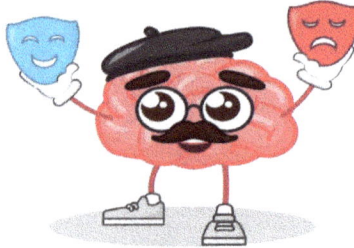

www.ingramcontent.com/pod-product-compliance
Lightning Source LLC
Chambersburg PA
CBHW080429030426
42335CB00020B/2656